ESPAÇO

Dados Internacionais de Catalogação na Publicação (CIP) de acordo com ISBD

B236e Barbieri, Paloma Blanca Alves.

Espaço: 3-D/ Paloma Blanca Alves Barbieri; ilustrado por Shutterstock. - Jandira, SP: Ciranda Cultural, 2023.
16p.: il.; 21,50cm x 28,00cm. - (Espetacular 3-D).

ISBN: 978-65-261-0546-7

1. Literatura infantil. 2. Planetas. 3. Universo. 4. Sol. 5. Lua. 6. Astros. 7. Viagem espacial. I. Shutterstock. II. Título. III. Série.

2023-1021 CDD 028.58
CDU 82-93

Elaborado por Lucio Feitosa - CRB-8/8803

Índice para catálogo sistemático:
1. Literatura infantil 028.5
2. Literatura infantil 82-93

Produção: Ciranda Cultural
Texto: Paloma Blanca Alves Barbieri
Imagens: 80's Child/ Shutterstock.com; Dima Zel/ Shutterstock.com; Henrik Lehnerer/ Shutterstock.com; Zakharchuk/ Shutterstock.com; Vector Tradition/ Shutterstock.com; Ara Hovhannisyan/ Shutterstock.com; Jason Sponseller/ Shutterstock.com; Pike-28/ Shutterstock.com; Ardea-studio/ Shutterstock.com; Vit-Mar/ Shutterstock.com.

1ª Edição em 2023
2ª Impressão em 2024
www.cirandacultural.com.br

ESPAÇO

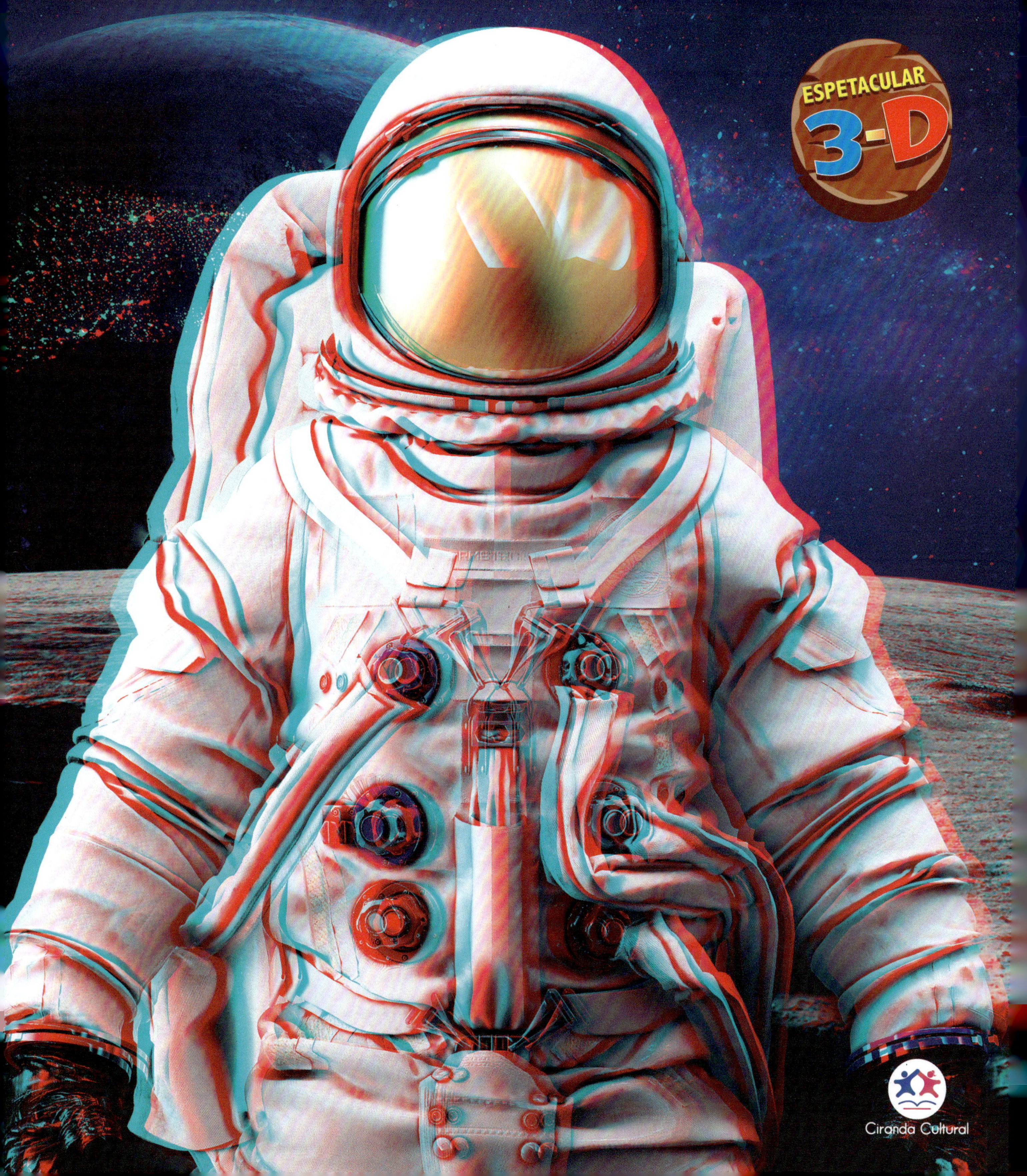
ESPETACULAR
3-D
Ciranda Cultural

Estrelas
Grandes e luminosas esferas de plasma que se mantêm intactas no espaço por causa da gravidade e da pressão da radiação.

Lua
Único satélite natural da Terra. Enquanto nós temos uma, alguns planetas têm mais de vinte, e outros, nenhuma. A Lua orbita a Terra, assim como a Terra orbita o Sol. É por isso que nós temos as famosas fases da Lua.

ESPAÇO

Um lugar misterioso

Há anos, cientistas vêm tentando descobrir cada vez mais sobre esse universo tão misterioso que é o espaço. Apesar da tecnologia que temos, ainda é impossível mensurar suas maravilhas. Embora existam muitas incertezas em relação ao espaço, é fato que ele é formado de diferentes matérias e corpos celestes, como: asteroides, cometas, estrelas, planetas e satélites. Vamos conhecer cada um deles?

Asteroides

Corpos celestes de composição rochosa e metálica que orbitam ao redor do Sol. Porém, são muito menores que os planetas, podendo ter apenas alguns metros ou centenas de quilômetros.

Satélites

Pequenos corpos que gravitam o espaço, geralmente em torno de um planeta. Eles podem ser naturais, como a Lua, ou artificiais, isto é, criados pelo homem para observar o espaço, transmitir sinais (TV, rádio, etc.), estudar as mudanças climáticas e muito mais.

Planetas

Grandes corpos celestes arredondados com diferentes tamanhos, massas e temperaturas. Como são desprovidos de luz e calor próprios, vivem em volta do Sol.

Cometas

Pequenos corpos celestes formados por gelo e rocha. Não possuem uma órbita regular como os planetas. Em contato com a radiação solar, costumam apresentar sua famosa cauda luminosa.

SISTEMA SOLAR

Adoráveis planetas

Os planetas são corpos celestes que orbitam o Sol. Todos possuem um formato esférico, mas cada um tem uma composição e temperatura próprias. Os planetas estão em constante movimento, girando em torno de sua própria órbita e em torno do Sol. Em nosso sistema solar, há oito planetas: Mercúrio, Vênus, Terra, Marte, Júpiter, Saturno, Urano e Netuno.

Mercúrio

É o planeta mais próximo do Sol. Como possui a menor massa dentre os planetas, é o menor do sistema solar. Sua temperatura pode chegar a 550 °C.

Vênus

É o segundo planeta mais próximo do Sol. Antes do nascer ou depois do pôr do sol, é possível avistá-lo a olho nu. Suas características assemelham-se às da Terra, como massa, diâmetro e gravidade. Porém, o planeta não oferece condições para existência de vida por causa da sua alta temperatura, ou seja, acima de 460 °C.

Terra

Terceiro planeta mais próximo do Sol, é o que tem condições favoráveis à existência de vida. Afinal, possui temperatura média de 14 °C.

Marte

Conhecido como "Planeta Vermelho", Marte é o quarto planeta mais próximo do Sol. Também pode ser visto a olho nu. A temperatura nesse planeta varia entre -76 °C e -10 °C. Marte é repleto de crateras, e o solo é rico em ferro e silício, o que causa sua coloração avermelhada tão característica.

Júpiter

É o maior planeta do sistema solar, sendo mais de trezentas ezes maior do que a erra. Diferentemente dos planetas mais próximos ao Sol, Júpiter é constituído de gases como hidrogênio, hélio e metano. Por isso, é conhecido como um planeta gigante gasoso. Sua temperatura é muito baixa, chegando a -100 °C.

Saturno

É o segundo maior planeta do sistema solar. Tem uma composição gasosa assim como Júpiter. A temperatura em Saturno pode chegar a -140 °C. Esse planeta é muito conhecido pelos seus anéis, que são compostos por gelo, mas têm coloração alaranjada por causa da radiação solar.

Urano

É o terceiro maior planeta do sistema solar. Assim como Júpiter e Saturno, trata-se de um planeta gasoso. Urano possui 27 luas e sua temperatura pode chegar a -200 °C.

Netuno

É o último planeta do sistema solar em relação ao Sol. Por isso, não pode ser visto a olho nu. Também possui a mesma composição dos demais planetas gasosos. A temperatura em Netuno é extremamente baixa, chegando a -218 °C. Assim como Saturno, ele é envolto por anéis.

Calor sufocante!
A superfície do Sol tem a temperatura de 5.500 °C. Em seu núcleo, a temperatura é ainda maior, podendo atingir cerca de 15.000.000 °C.

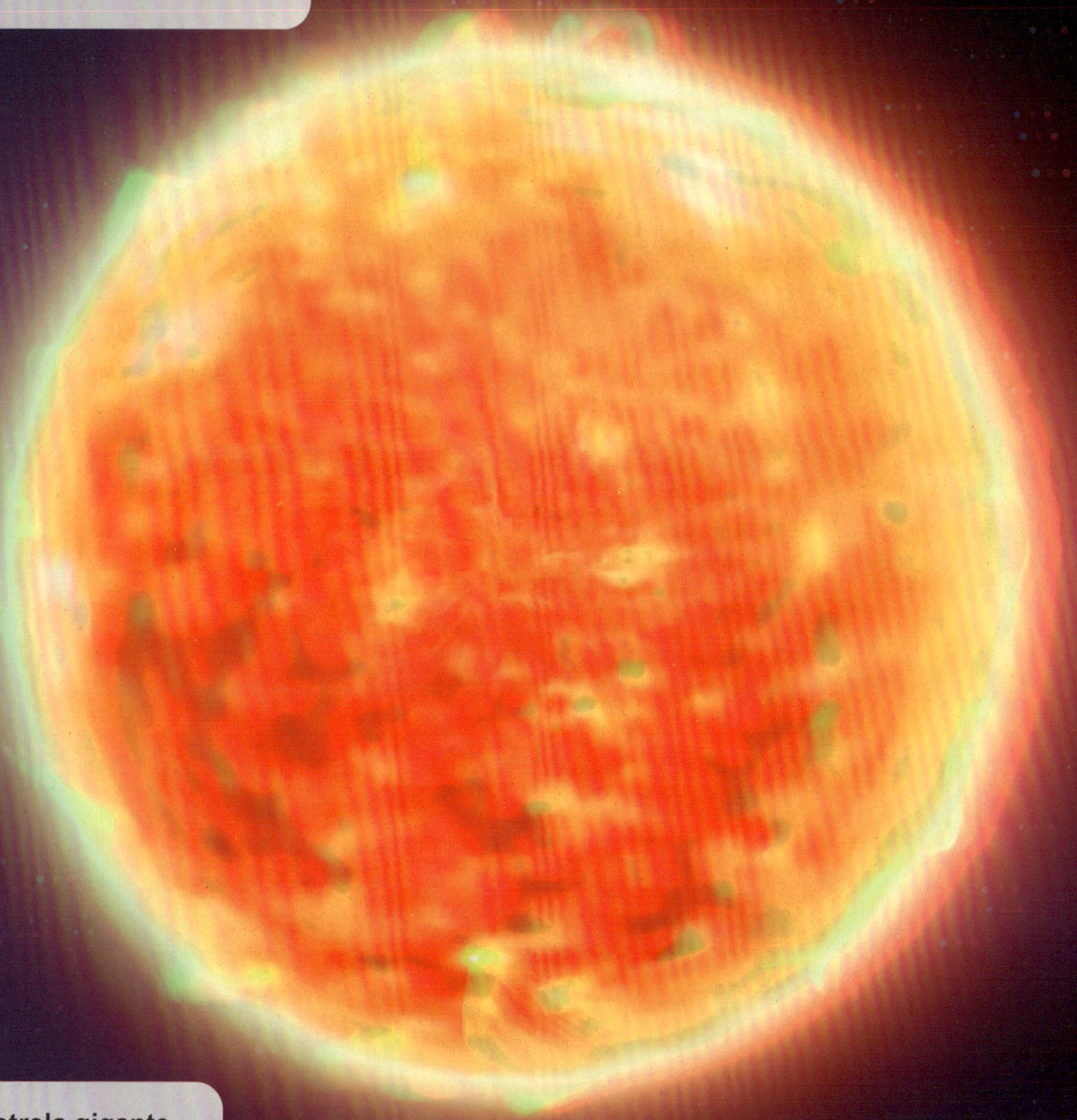

Estrela gigante
O Sol é tão grande que seria possível colocar 1,3 milhão de planetas do tamanho da Terra dentro dele.

Puro gás!
O Sol não possui a superfície sólida, pois é formado por gases. Aproximadamente 70% dele é composto de hidrogênio, e 27%, de hélio.

O astro-rei

O Sol é uma estrela que fica situada no centro do nosso sistema solar. É por causa da sua gravidade que pequenos e grandes corpos celestes, como planetas, cometas e meteoros, ficam girando em sua órbita. Não é à toa que ele tem o título de astro-rei. Vamos descobrir mais sobre essa importante estrela?

Sol e Terra
É a translação, ou seja, a volta que a Terra dá em torno do Sol, aliada à sua inclinação, que promove a mudança das estações do ano.

A quilômetros de distância...
O Sol está bem distante da Terra. Mais precisamente a 149,6 milhões de quilômetros. Difícil imaginar como seu calor chega até nós.

UM MOMENTO HISTÓRICO

Pisando na Lua

Muitas foram as tentativas até que o homem chegasse à Lua, e esse importante fato histórico aconteceu em 20 de julho de 1969. Fazendo parte da expedição Apollo 11, o astronauta estadunidense Neil Armstrong foi o primeiro a pisar em solo lunar. O próximo passo foi dado pelo astronauta e piloto Buzz Aldrin, que estava na mesma missão que Armstrong.

Este é um pequeno passo para o homem, mas um salto gigantesco para a humanidade.

Desenhos imaginários

A palavra constelação vem do latim, *CONSTELATTIO*, e significa “agrupamento de estrelas”. Por isso, ela nada mais é do que um conjunto de estrelas que ficam em uma determinada região do céu. As constelações receberam seus nomes por causa dos desenhos imaginários (objetos, animais, criaturas mitológicas) que elas formam a partir do seu agrupamento.

O conceito de constelação surgiu na Pré-História. As pessoas costumavam usá-las para explicar suas crenças ou mitologia. As constelações também desempenharam um papel de grande importância durante as navegações. Afinal, elas eram usadas como orientação.

No total, foram registradas 88 constelações. Dentre as mais famosas, podemos citar: Órion, Ursa Maior, Ursa Menor, Cassiopeia, Andrômeda e Cruzeiro do Sul, que está retratada na bandeira do Brasil. Isso sem falar nas constelações do zodíaco.

DRAGÃO

URSA MENOR

CASSIOPEIA
PERSEU
LINCE
URSA
MAIOR

CURIOSIDADES ESPACIAIS

Desvendando alguns mistérios

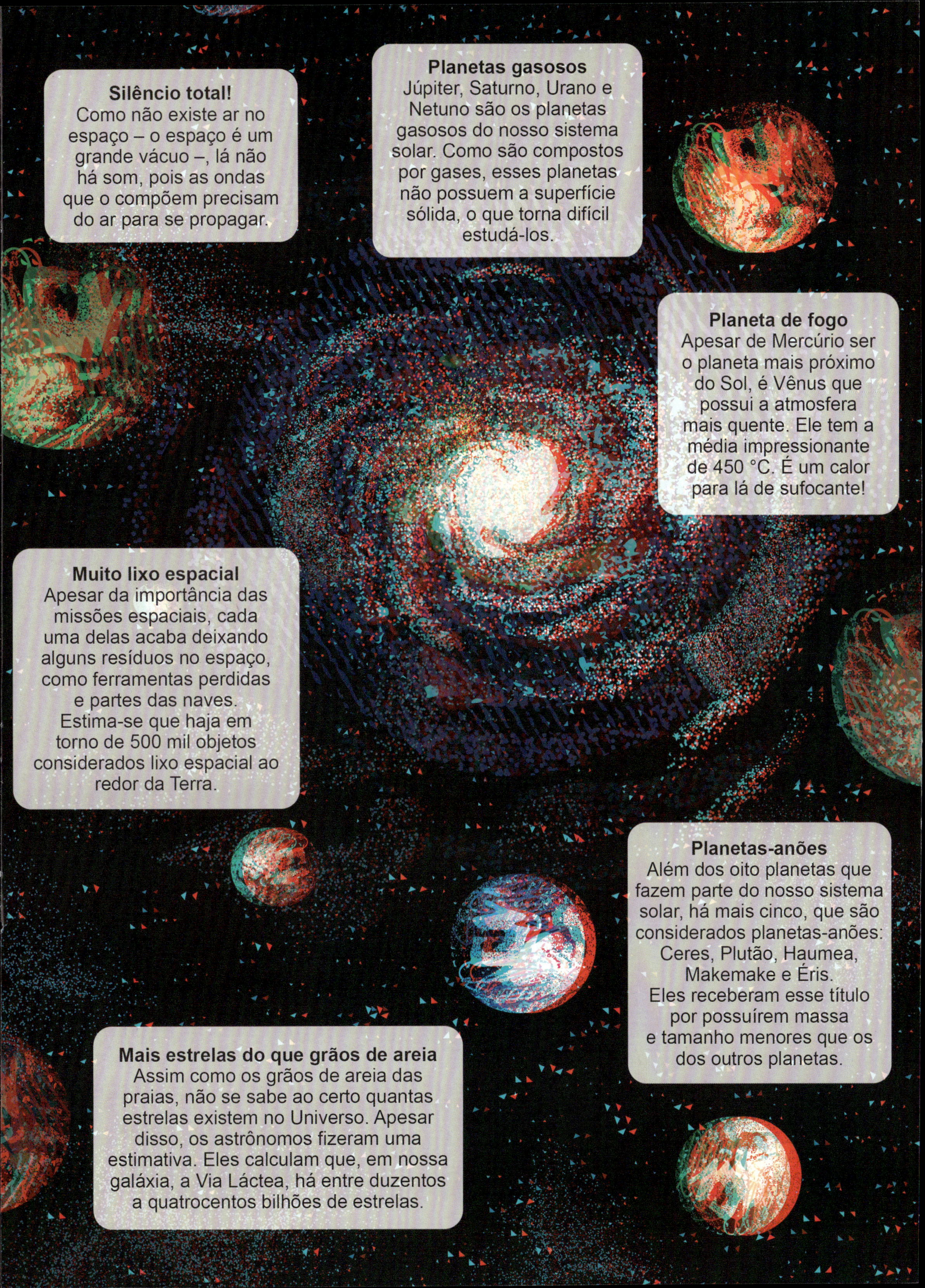
Silêncio total!
Como não existe ar no espaço – o espaço é um grande vácuo –, lá não há som, pois as ondas que o compõem precisam do ar para se propagar.
Planetas gasosos
Júpiter, Saturno, Urano e Netuno são os planetas gasosos do nosso sistema solar. Como são compostos por gases, esses planetas não possuem a superfície sólida, o que torna difícil estudá-los.
Planeta de fogo
Apesar de Mercúrio ser o planeta mais próximo do Sol, é Vênus que possui a atmosfera mais quente. Ele tem a média impressionante de 450 °C. É um calor para lá de sufocante!
Muito lixo espacial
Apesar da importância das missões espaciais, cada uma delas acaba deixando alguns resíduos no espaço, como ferramentas perdidas e partes das naves. Estima-se que haja em torno de 500 mil objetos considerados lixo espacial ao redor da Terra.
Planetas-anões
Além dos oito planetas que fazem parte do nosso sistema solar, há mais cinco, que são considerados planetas-anões: Ceres, Plutão, Haumea, Makemake e Éris.
Eles receberam esse título por possuírem massa e tamanho menores que os dos outros planetas.
Mais estrelas do que grãos de areia
Assim como os grãos de areia das praias, não se sabe ao certo quantas estrelas existem no Universo. Apesar disso, os astrônomos fizeram uma estimativa. Eles calculam que, em nossa galáxia, a Via Láctea, há entre duzentos a quatrocentos bilhões de estrelas.

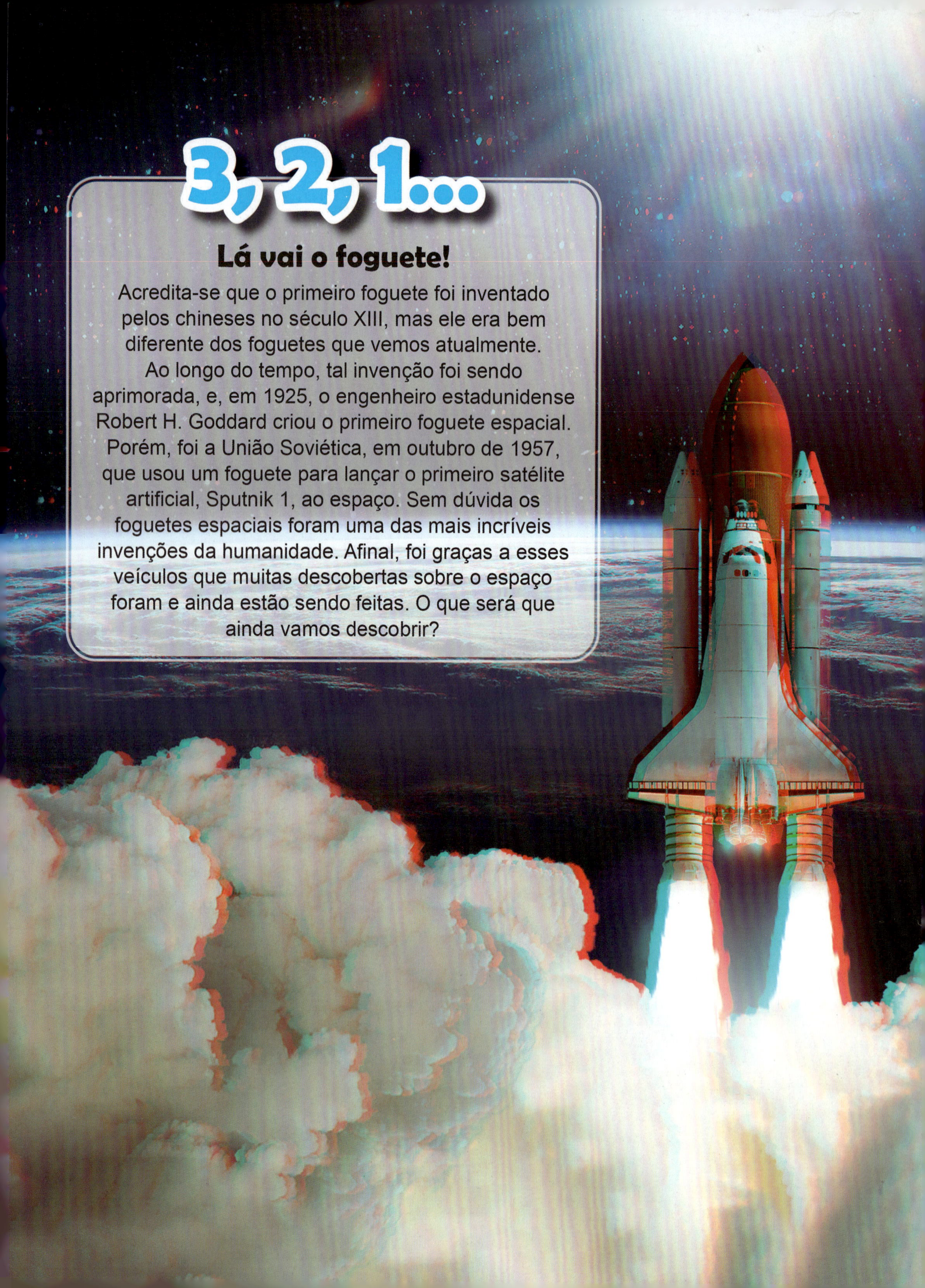

3, 2, 1...

Lá vai o foguete!

Acredita-se que o primeiro foguete foi inventado pelos chineses no século XIII, mas ele era bem diferente dos foguetes que vemos atualmente. Ao longo do tempo, tal invenção foi sendo aprimorada, e, em 1925, o engenheiro estadunidense Robert H. Goddard criou o primeiro foguete espacial. Porém, foi a União Soviética, em outubro de 1957, que usou um foguete para lançar o primeiro satélite artificial, Sputnik 1, ao espaço. Sem dúvida os foguetes espaciais foram uma das mais incríveis invenções da humanidade. Afinal, foi graças a esses veículos que muitas descobertas sobre o espaço foram e ainda estão sendo feitas. O que será que ainda vamos descobrir?